CATALOGUE

DE TOUS LES

MODÈLES EN BRONZE

PUBLIÉS ET INÉDITS,

DE M. FRATIN, Sculpteur,

DONT LA VENTE AURA LIEU

Les 16, 17 et 18 Avril 1850, heure de midi,

RUE DES JEUNEURS, 42,

Par le ministère de M. BONNEFONS DE LAVIALLE,

Commissaire-Priseur, rue de Choiseul, 11,

Chez lequel se distribue le présent Catalogue.

EXPOSITION PUBLIQUE

Le Dimanche 14 Avril 1850, de midi à cinq heures.

On remarque parmi ces productions, qui forment les ŒUVRES
COMPLÈTES de l'auteur, de grands groupes de chasse, groupes
d'animaux de toute espèce, faits d'après nature, consoles à têtes
diverses, bronze d'art, etc., etc., etc.

PARIS

IMPRIMERIE ET LITHOGRAPHIE DE MAULDE ET RENOU,

Rue Bailleul, 9 et 11, près du Louvre.

1850.

CATALOGUE

DE TOUS LES

MODÈLES EN BRONZE

PUBLIÉS ET INÉDITS,

DE M. FRATIN, Sculpteur,

DONT LA VENTE AURA LIEU

Les 16, 17 et 18 Avril 1850, heure de midi,

RUE DES JEUNEURS, 42,

Par le ministère de M⁰ BONNEFONS DE LAVIALLE,
Commissaire-Priseur, rue de Choiseul, 11,
Chez lequel se distribue le présent Catalogue.

EXPOSITION PUBLIQUE
Le Dimanche 14 Avril 1850, de midi à cinq heures.

On remarque parmi ces productions, qui forment les OEUVRES
COMPLÈTES de l'auteur, de grands groupes de chasse, groupes
d'animaux de toute espèce, faits d'après nature, consoles à têtes
diverses, bronze d'art, etc., etc., etc.

PARIS

IMPRIMERIE ET LITHOGRAPHIE DE MAULDE ET RENOU,
Rue Bailleul, 9 et 11, près du Louvre.

1850.

CONDITIONS DE LA VENTE.

Elle se fera au comptant.

Les adjudicataires paieront cinq centimes en sus des enchères, applicables aux frais de vente.

Tous les modèles sont vendus en toute propriété.

CATALOGUE

DES

MODÈLES EN BRONZE,

DE FRATIN.

1 — Chevaux : Mustapha, étalon.
2 —   Hercule, au repos.
3 —   Hamilton, au trot.
4 —   Napoléon, au pas.
5 —   Fantaisie.
6 —   de chasse.
7 —   Sélim, arabe.
8 —   Arc-en-ciel.
9 —   Georgina, jument.
10 —   Lotry.
11 —   Pin.
12 —   Rachel.
13 — Cheval et jockey.
14 — Cheval se grattant à un arbre.
15 — Cheval cabré.
16 — Cheval et groom.
17 — Cheval Néron et Griffon.
18 — Cheval attaqué par un boa.
19 — Cheval terrassé par un lion.
20 — Id. petit modèle.

51 — Lion dévorant un cheval.
52 — Lion attaquant une girafe.
53 — Lion et serpent.
54 — Lion tenant une gazelle.
55 —   Id. petit groupe.
56 — Lion couché.
57 — Lion dormant.
58 — Lion du Sénégal.
59 — Lionne emportant une autruche.
60 — Lionne apportant une proie à ses lionceaux.
61 — Lionne assise, petit dormant.
62 — Lionne léchant ses petits.
63 — Petite lionne couchée.
64 — Lionne couchée et ses lionceaux.
65 — Lion haletant tenant un gnou.
66 — Lion tenant un zébu.
67 — Tigre tenant une antilope de Nubie.
68 — Tigre du Bengale.
69 — Tigre et axis.
70 — Tigre dévorant un serpent.
71 — Tigre après le repas.
72 — Tigre dévorant un singe.
73 — Tigre tenant une antilope.
74 — Petit tigre et autruche.
75 — Petit tigre couché.
76 — Petit tigre et tigresse.
77 — Tigre terrassant un dromadaire.
78 — Petite tigresse portant une proie.
79 — Tigre tenant une autruche.
80 — Panthère et gazelle.
81 — Panthère et nigot.

82 — Panthère tenant un singe.
83 — Panthère et chacal.
84 — Groupe, hottentot renversé, chasse au lion.
85 — Groupe, hottentot surpris par une tigresse.
86 — Combat à mort de deux cerfs.
87 — Grand cerf droit.
88 — Cerf aux écoutes.
89 — Cerf couché, haletant.
90 — Cerf couché, tournant la tête.
91 — Cerf se léchant.
92 — Cerf se grattant.
93 — Cerf couché, tête droite.
94 — Cerf terrassé par des loups.
95 — Hallali par terre.
96 — Hallali trois chiens.
97 — Petit hallali.
98 — Cerf sautant le marais.
99 — Cerf, le relancé.
100 — Cerf sautant.
101 — Cerf couché.
102 — Petit cerf droit.
103 — Famille, cerf droit.
104 —   Id.   cerf couché.
105 —   Id.   zébu et bouc.
106 — Cerf de Virginie, couché.
107 — Cerf et biche de la Louisiane.
108 — Daim sautant.
109 — Daim couché.
110 — Daim se léchant.
111 — Daim se grattant et daine couchée.
112 — Le lancé du chevreuil.

113 — Chevreuil debout.
114 — Chevrette   id.
115 — Biche debout.
116 — Gazelle mâle d'Afrique.
117 — Gazelle et son petit.
118 — Chèvre et son chevreau.
119 — Chèvre se grattant.
120 — Chèvre couchée.
121 — Groupe de bouc et chèvre.
122 — Groupe, Vénus au bouc.
123 — Groupe, bouc et bélier couché.
124 — Bouc, patte levée.
125 — Bouc tournant la tête.
126 — Bouc couché d'Europe.
127 — Bélier mérinos couché.
128 — Petit bélier couché.
129 — Bouc couché du Brésil.
130 — Grande-chasse au sanglier.
131 — Laie et ses marcassins.
132 — Sanglier renversé par des chiens.
133 — Sanglier poursuivi.
134 — Sanglier solitaire.
135 — Sanglier assis.
136 — Sanglier de Siam.
137 — Marcassin.
138 — Renard au terrier.
139 — Renard et coq.
140 — Loup pris au piège.
141 — Loup assis.
142 — Loup et agneau.
143 — Louve, Romulus et Rémus.

175 — Chienne boule-dogue et ses petits.
176 — Boule-dogue jouant.
177 — Deux boule-dogues se battant.
178 — Dogue de forte taille à la chaîne.
179 — Grand groupe taureau et vache.
180 —   Id.   petit modèle.
181 — Taureau à la corde.
182 — Taureau amoureux.
183 — Taureau à la grenouille.
184 — Taureau combattant des dogues.
185 —   Id.   Petit modèle.
186 — Vache et son veau.
187 — Grand groupe, aigle et vautour se dispu-
        tant un chamois.
188 — Grand groupe, aigles se disputant un bou-
        quetin.
189 — Grand groupe, aigle dévorant un marabout.
190 — Petit groupe, aigle et vautour.
191 — Petit groupe, aigles et bouquetin.
192 — Aigle et écureil.
193 — Aigle enlevant un serpent.
194 — Aigle et chacal.
195 — Aigle fondant sur une antilope.
196 — Vautour dévorant une gazelle.
197 — Vautour et chacal.
198 — Héron et grenouille.
199 — Eléphant femelle d'Afrique, défendant son
        petit contre un lion.
200 — Eléphant, promenade en palanquin.
201 — Grand groupe, éléphant, chasse aux tigres.
202 — Eléphant et Chinois.

203 — Eléphant tuant un tigre.
204 — Eléphant d'Asie.
205 — Rhinocéros combattant un tigre.
206 — Rhinocéros combattant un boa.
207 — Petit rhinocéros.
208 — Candelabres, palmiers.
209 —　　　Id.　　ours et singes.
210 —　　　Id.　　hallali cerf.
211 —　　　Id.　　hallali sanglier.
212 —　　　Id.　　nature morte.
213 —　　　Id.　　chimère.
214 — Flambeaux, satyres.
215 —　　　Id.　　faune thyrse.
216 —　　　Id.　　héron.
217 —　　　Id.　　serpents.
218 —　　　Id.　　panthères.
219 —　　　Id.　　griffons.
220 —　　　Id.　　pieds d'aigles.
221 —　　　Id.　　ours jongleurs, deux branches.
222 —　　　Id.　　id.　　id.　, de bureau.
223 —　　　Id.　　id. à boules.
224 —　　　Id.　　singe au violon.
225 —　　　Id.　　à fruits.
226 — Bougeoir, aigle et serpent.
227 — Vase de course.
228 — Coupe de chasse.
229 — Coupes à pieds, ours et fleurs.
230 — Coupes, singes.
231 — Grand porte-cigare, vase.
232 — Tombeau à Jean Nicot, vase.
233 — Grand vase, coquilles et dauphins.

234 — Encrier, vase.
235 — Encrier, chasse.
236 — Encrier gothique.
237 — Boîte à bijoux, cerf et biche.
238 — Id.   id.   , groupe taureau et vache.
239 — Id.   à allumettes, trois singes.
240 — Id.   id.   chenil.
241 — Id.   singe voleur.
242 — Id.   singe.
243 — Ours et singe pédicure.
244 — Ours étouffant des dogues.
245 — Ours jouant avec ses petits.
246 — Ours à la pierre.
247 — id.   id.   petit modèle.
248 — Ours et phoque.
249 — Ours de Russie.
250 — Ours assis, singe sur le dos (bougeoir).
251 — Ours saltimbanque (timbre).
252 — Ours philosophe.
253 — Ours dentiste.
254 — Ours collique.
255 — Ours barbier.
256 — Ours père Odry.
257 — Ours Patrie.
258 — Ours, lampe antique.
259 — Ours, lampe.
260 — Ours moniteur.
261 — Ours, voyage de cabinet.
262 — Ours en liberté.
263 — Ours escamoteur.
264 — Ours en carême.

265 — Ours marchand de chansons.
266 — Ours improvisateur.
267 — Ours bassinoire.
268 — Ours frères Pochard.
269 — Ours, ta peau ou la mienne.
270 — Ours, la correction.
271 — Ours, la musette.
272 — Ours poisson frit, cassé.
273 — Singe marinier, porte-cigarres.
274 — Singe chiffonnier de nuit.
275 — Singe Chinois.
276 — Singe à la hote, porte-allumettes.
277 — Singes danseurs, leçons de castagnettes.
278 — Singe directeur de théâtre.
279 — Singe porte-montre.
280 — Singe le proscrit, lampe.
281 — Singe drillette, porte-allumettes.
282 — Singe la parque, porte-allumettes.
283 — Singe célibataire de café, brûle-parfums.
284 — Singe ravaudeuse, veilleuse.
285 — Singe savetier.
286 — Singe horloger.
287 — Singe danseur, porte-allumettes.
288 — Chacal mâle et femelle.
289 — Lynx et gazelle.
290 — Ichneumon.
291 — Enfant et chat.
292 — Elan.
293 — Lièvre et liévrault.
294 — Don Quichotte.
295 — Sancho.

296 — Main, dite le rossignol.
297 — Sonnette, course.
298 — Zébu couché et faon.
299 — Zébu et bouc.
300 — Petit chevreuil couché.
301 — Petite chevrette couchée.
302 — Chien braque en arrêt sur un lièvre.
303 — Petit modèle, tigre couché tenant une ga-
    zelle.
304 — Petit lion couché, pattes croisées.
305 — Petit tigre du Bengale, debout.
306 — Levrier debout (non terminé).
307 — Cheval petit trotteur (non terminé).

SUPPORTS.

308 — Tête, éléphant.
309 — Tête, rhinocéros.
310 — Tête, aigle.
311 — Tête, vautour.
312 — Tête, ours.
313 — Tête, loup.
314 — Tête, sanglier.
315 — Tête, cerf.
316 — Tête, taureau.
317 — Tête, lion.
318 — Tête, cheval.
319 — Tête, dromadaire.
320 — Tête, chien.
321 — Tête, petit ours.
322 — Tête, petite lionne.
323 — Tête, petit lion.
324 — Tête, cheval.

DIVERSES TÊTES D'ANIMAUX.

325 — Sanglier.
326 — Ours.
327 — Renard.
328 — Chien.
329 — Lièvre.
330 — Biche.
331 — Levrier.

PETITES TÊTES POMMES DE CANNE.

332 — Dogue.
333 — Singe Chinois.
334 — Aigle et serpent.
335 — Ours.
336 — Eléphant.
337 —   Id.
338 — Cheval.
339 — Griffon.
340 — Chien.
341 — Ecureuil.
342 — Tigre et gazelle.
343 — Quatre têtes de singes.
344 — Chacal et panthère.
345 — Bichon couché.
346 — Levrier couché.
347 — Cheval au galop.
348 — Cheval cabré.

PETITS BRONZES D'ÉTAGÈRES.

349 — Taureau.
350 — Cheval.
351 —   Id.   pied levé.

352 — Chat et souris.
353 — Chat gros dos.
354 — Faon.
355 — Ours.
356 — Singe assis.
357 — Bichon.
358 — Lapin.
359 — Panthère.
360 — Sanglier assis.
361 — Sanglier debout.
362 — Lion couché.
363 — Lion debout.
364 — Chien cherchant la voie.
365 — Chien braque.
366 — Chien terre-neuve.
367 — Braque en arrêt.
368 — Chien épagneul.
369 — Eléphant.
370 — Bouc Haute-Egypte.
371 — Bouc couché.
372 — Cerf couché.
373 — Chevreuil couché.
374 — Gazelle mâle.
375 — Coq.
376 — Vache debout.
377 — Vache.
378 — Girafe.
379 — Bizon.
380 — Aigle.
381 — Perroquet.
382 — Cigogne.

383 — Braque assis.
384 — Orang-outang.
385 — Antiloppe de Nubie, se grattant.
386 — Chat de la Nouvelle Espagne.
387 — Vache dévorée par des loups.
388 — Cheval dévoré par des rats.
389 — Polymnie, muse.
390 — Melpomène, id.
391 — Uranie, id.
392 — Clio, id.
393 — Euterpe, id.
394 — Cerf, bas-relief, broche.
395 — Tête de chien braque.
396 — Tête d'aigle.
397 — Tête de levrette.
398 — Quantité de godets en cristal pour l'encrier chasse.

GRANDS GROUPES.

399 — Epagueul arrêtant une perdrix (grandeur naturelle).
400 — Levrier après le forcé (grandeur naturelle).

1853 Imp. Maulde et Renou, r. Bailleul, 9 11.

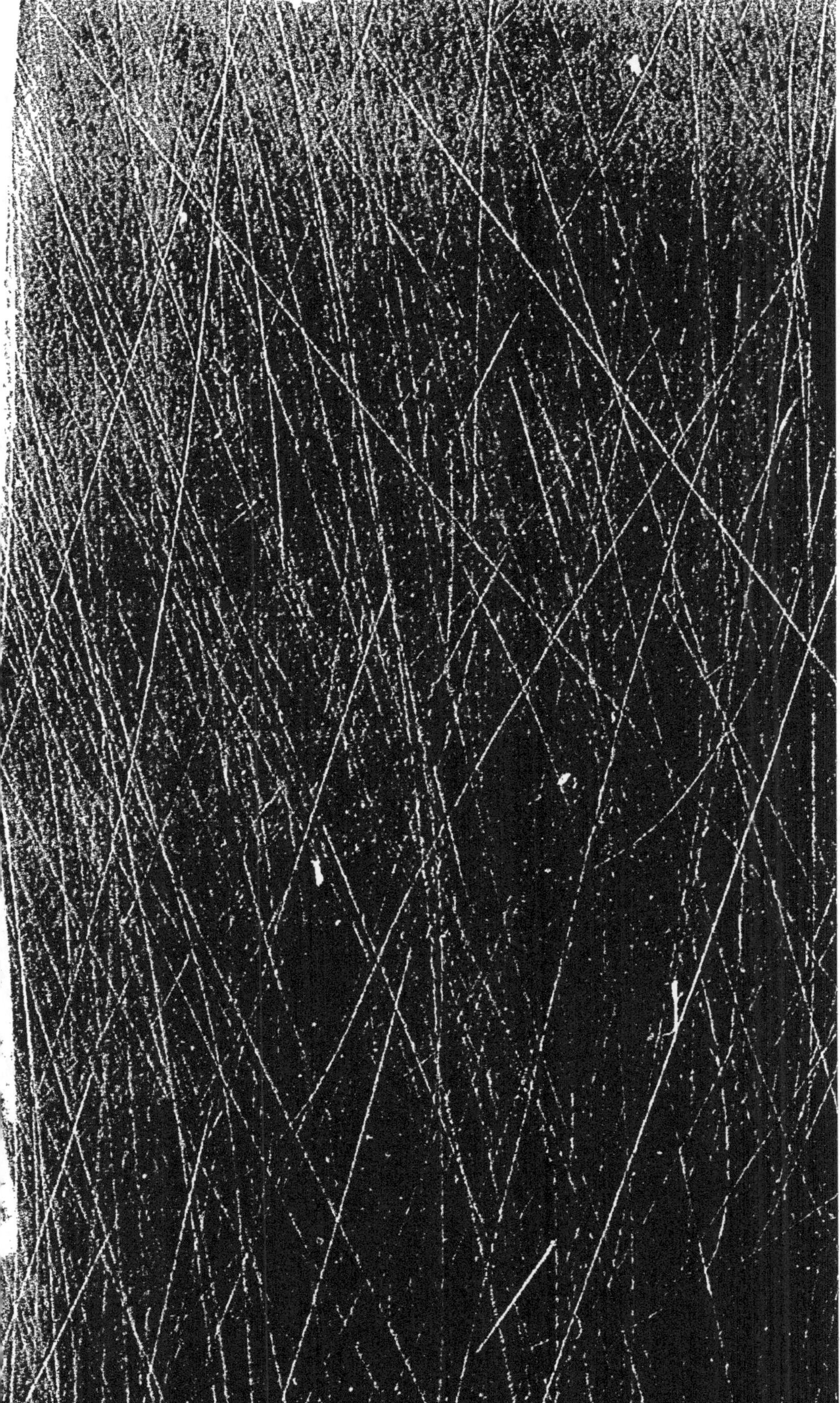